Vraie Image de la Sainte Hostie.

7

Lk 2401.

HISTOIRE
DE LA
Sᵀᴱ· HOSTIE,

Conservée à la Sainte Chapelle du Roy à Dijon, depuis l'An 1433.

Avec l'Amande-honorable qui s'y fait les Vendredis des Quatre-Tems.

Augmentée de Prieres & Réflexions pour chaque jour de la Semaine.

A DIJON,
Chez JOSEPH SIROT, Imprimeur-Libraire, Place Saint Etienne.

───────────────────────

M. DCC. XXXIX.
AVEC PERMISSION.

HISTOIRE DE LA Sᵀᴱ· HOSTIE.

Uoique la presence réelle du Corps, du Sang, de l'Ame & de la Divinité de Jesus Christ dans la Sainte Eucharistie, soit prouvée dans les Saintes Ecritures d'une maniere à n'en pouvoir raisonnablement douter; Dieu cependant pour augmenter de plus en plus la foi de ses Adorateurs dans l'Auguste Sacrement de ses Autels, a bien voulu confirmer sa parole par des miracles, ausquels les plus incrédules n'ont rien à répliquer.

L'Allemagne, la Pologne, l'Espagne, l'Italie, la France, la Hollande, le Piedmont, la Bourgogne, le Brabant, & plusieurs autres Provinces, ont vû des prodiges qui ne laissent aucune incertitude sur ce Mystére.

La Ville de Dorcora en Espagne conserve depuis cinq cent ans des Parcelles, & des linges empourprés du Sang de ce Divin Sacrement froissé par hazard entre des pierres.

Candelult. Myst. tr. 4. 1239.

2 HISTOIRE

1290.
Les Billettes à S. Jean en Grève.

1331.
Aux August. des deux Villes.

1345.

1453.

En Comté.
1608.

Dans le Brabant.

1433.
Futuris temp. venerandam, porte le Bref d'*Eugene IV.*

Imprimé à Dijon par P. Palliot, **1643.**

Paris Capitale de la France, rendra témoignage que le fer & le feu ne purent altérer les Espéces Sacramentelles entre les mains d'un Juif.

Cologne a reconnu ce Pain changé en la Chair d'un Enfant.

Louvain en a conservé les restes précieux aussi-bien que la Ville de Cologne.

Des globes de feu ont paru dans les marais voisins de Cracovie, où le Saint Sacrement avoit été submergé.

Turin revéra ce Pain Céleste resplendissant dans les airs, après avoir échapé des mains sacriléges d'un Prophanateur.

Faverney publiera hautement que les flâmes ont épargné ce Saint Mystére dans l'embrasement de ses Autels.

Dôle en produit le témoignage dans l'enceinte de ses murs.

Bruxelles célébrera toûjours la mémoire du Sang de Notre Rédempteur sorti de son Saint Tabernacle.

Mais Dijon Capitale de la Bourgogne, Dijon montrera dans les siécles à venir une Hostie miraculeusement teinte du Sang Adorable qui coula de toutes les Cicatrices, où la main de l'impie porta les coups de sa fureur.

Ce dépôt sacré sera toûjours l'objet de notre foi, l'ancre de notre espérance, & le motif de notre amour.

Plusieurs Historiens ont disertement parlé de cette Hostie miraculeuse dans leurs ouvrages, sur-tout M. Philibert Boulier Piêtre, Chanoine de ladite Sainte Chapelle, dans un Traité exprès, intitulé, *Sauve-Garde du Ciel pour la Ville de Dijon,* où il cite tous les Auteurs qui en ont écrit avant lui; c'est pour cela qu'on se contentera de faire ici le simple narré de ce qui est de notre connoissance.

Le Pape Eugene IV. du nom, traversé pendant son Pontificat, & par les Colonnes Princes Romains, & par les Peres du Concile assemblé à Basle, qui avoient entrepris de le déposer en mettant en sa place Amedée Duc de Savoye, sous le nom de Felix, implora l'assistance de Philipe le Bon, Duc de Bourgogne, Prince très vertueux, & l'un des plus puissans de l'Europe : pour l'engager à prendre sa défense, il lui envoya une Hostie que l'on conservoit auparavant dans les Trésors de Rome, sous l'Image de Notre Sauveur assis dans son Trône, frapée de plusieurs coups, & teinte de Sang aux endroits qu'un fer pointu avoit entamé. 1433.

Philipe le Bon étoit à l'Isle en Flandres quand ce précieux dépôt lui fut aporté par Robert Anclou Chanoine de Paris, & son Agent en Cour de Rome ; ce Duc l'envoya aussi-tôt à Dijon Ville Capitale de ses Etats, par le même Robert Anclou, pour être gardée en sa Sainte Chapelle, où il avoit été régénéré dans les Eaux salutaires du Baptême, & où il tint la même année au jour de S. André le troisiéme Chapitre Général de son Ordre de la Toison d'Or, qu'il avoit établi trois ans auparavant étant à Bruxelles, le jour de ses nôces avec Isabelle fille de Jean Roi de Portugal sa troisiéme femme, en faveur de laquelle il prit la devise, AUTRE N'AURAY. 1433.

Les Noms & les Armes des Chevaliers se voyent au-dessus des Sièges dans le Chœur.

Le Bref d'Eugene IV. en datte du 27. Septembre, troisiéme année de son Pontificat, *signé*, Poggi, ne désigne point le lieu ni le tems ausquels l'impiété fut commise ; le témoignage du S. Pere est suffisant pour assurer un fait que nous découvrons de nos yeux, & que Mrs. les Magistrats viennent reconnoître chaque année le Jeudi de l'Octave du S. Sacrement, dont ils dressent Procès-verbal qui peut se lire à l'Hôtel de Ville.

A ij

HISTOIRE

DEVOTION
A LA
SAINTE HOSTIE.

Etabliſſement de la Confrerie & du Bâton de la Ste. Hoſtie. 1484.

L'An 1484. le 12. Mai, commença l'établiſſement de la Confrerie, & la Cérémonie du Bâton de l'Hoſtie miraculeuſe pour la conſervation de la Ville & de ſes Habitans, de l'avis de Mrs. du Chapitre, de Mrs. du Parlement, de la Chambre des Comptes, des Maire & Echevins de la Ville.

Cette dévotion continuë encore : Pluſieurs perſonnes de marque, des Souverains même ont tenu à grand honneur de recevoir en leurs maiſons la figure ou répréſentation du miracle. Clement VIII. accorda des Indulgences Pléniéres à perpétuité aux freres & sœurs de l'aſſociation : le Bref du S Pere eſt du 28 Août 1601.

1505.

Loüis XII Roi de France, ayant témoigné une foi vive envers l'Auguſte Sacrement de nos Autels dans une maladie preſſante, après avoir recouvré ſa ſanté, envoya par deux Heraults d'armes la Couronne d'Or qu'il avoit portée le jour de ſon Sacre à Reims, pour être attachée ſur le Vaiſſeau, où eſt expoſée la Sainte Hoſtie ; les Lettres de Sa Majeſté adreſſées aux Doyen, & Chapitre de la Sainte Chapelle à Dijon en datte du 21. Avril, *Signées* LOUIS, *& plus bas*, ROBERTET.

1506.

La même année, le Roi Loüis XII demanda le Bâton de la Sainte Hoſtie qui lui fut accordé, M. s. de la Chambre des Comptes le rendirent l'année ſuivante pour Sa Majeſté au mois de Juin.

DE LA SAINTE HOSTIE.

L'an 1644. le Roi Loüis XIV. prit le Bâton de la Sainte Hostie, & le rendit l'année suivante.

L'an 1674. Marie Therese Reine de France, prit aussi le même Bâton qu'elle rendit l'année suivante.

Un nombre de Dames & Demoiselles animées de l'esprit de Dieu, prirent la pensée de rendre chaques jours leurs adorations à Jesus-Christ dans la Sainte Hostie; elles commencerent ce saint exercice le 15. Août 1643. de l'autorité & permission de Mrs. du Chapitre, sous la direction de Mr. Thomas Chaudon l'un d'iceux, dont la mémoire est en bénédiction, ce que les Dames & Demoiselles ont continué depuis, & pratiquent encore à present avec grande édification, à toutes les heures, depuis le midi jusqu'au soir. Un de Mrs les Chanoines leur fait exhortation tous les premiers Jeudis de chaque mois, à l'issuë des Complies; elles communient toutes le Jeudi de l'Octave du Saint Sacrement, & les Samedis des Quatre-Tems à une Messe basse qui se celebre sur les dix heures, pour demander à Dieu des Ministres dignes de ses Autels; après la Messe se donne la Bénédiction avec le Saint Ciboire.

Les Jeudis suivans le décés de chacune des Dames & Demoiselles de l'association, se célébre aussi une Messe basse pour le repos de leurs ames, & il y a Communion.

Cette dévotion doit sa naissance à Mr. de Renty, qui forma ce dessein, & en commença l'établissement dans la Paroisse de S. Paul à Paris l'an 1641. il en fit un traité qu'il presenta à son Pasteur pour être mis en pratique.

Ce Gentilhomme né au Beny dans la basse Normandie, marquoit un zéle si ardent pour

---

1644.

1674.

1643.

Société des Dames.

Décédé le 7. Août 1684. est inhumé derrier le chœur de l'Eglise Notre-Dame.

Mr. de Renty.

Jésus-Christ dans la Sainte Euchariftie, qu'il paffoit la plus grande partie du jour en la préfence des Autels, accompagnant le Saint Sacrement toutes les fois qu'on le portoit aux malades, donnant libéralement des Vaiffeaux Sacrés aux Eglifes qui en manquoient, faifant même des Tabernacles, qu'il doroit de fes propres mains, pour les envoyer dans les Campagnes.

L'an 1658. le 10. Mai, Mr. Gonthier Prevôt, Chanoine de la Sainte Chapelle, & Vicaire Général du Seigneur Evêque de Langres, préfenta au Chapitre un Livre d'Inftructions & Prieres pour l'Adoration perpetuelle du très-Saint Sacrement dans cette Eglife, du confentement de Mrs. fes Confreres, qui reconnoiffoient dans fa perfonne un parfait adorateur du vrai Dieu, le modéle accompli des Eccléfiaftiques, le Pere des pauvres, l'Inftituteur ou Reftaurateur de toutes les œuvres pieufes qui fe font dans cette Ville. Il mourut le premier du mois de Juin 1678. Meffieurs lui ayant adminiftré les Sacremens au Séminaire de la Magdelaine où il a été inhumé

La Sainte Hoftie s'expofe en évidence le Vendredi Saint dès le matin dans la Chapelle préparée, & le foir à l'iffuë des Tenébres elle eft aportée fur le grand Autel, où s'en fait élévation par deux fois pendant que l'on chante, *O Crux ave fpes unica*. Enfuite étant ferrée dans le Coffre, Mr. l'Officiant en donne la Bénédiction en filence avant de la reporter en la Chapelle.

Délibérations des 7. Octobre & 16. Novembre 1718.

Les Vendredis de la Semaine des Quatre-Tems de l'année, Meffieurs du Chapitre renouvellent la Cérémonie qui fe pratiquoit anciennement de faire élévation de la Sainte Hoftie pendant que l'on chante par deux fois,

O Crux ave, spes unica, à l'issuë des Complies; & pour répondre à la piété singuliere d'un de leur Confrere, ont ordonné qu'a perpétuité Mr. l'Officiant prononceroit ensuite l'Amande honorable à la forme suivante.

Oratio coram sacrosanctâ & mirabili Hostiâ; flexis genibus, clarâ & distinctâ voce pronunciandâ diebus Veneris Quatuor Temporum post Hymnum Vexilla Regis prodeunt.

AMantissime Jesu, qui ut hominem redimeres, de Virgine nasci, circumcidi; osculo tradi, à Discipulis derelinqui, à militibus comprehendi, virgis cruentari, spinis coronari, colaphis cœdi, sputis inquinari, in cruce levari, à Scribis & Senioribus illudi, à Latrone blasphemari, felle inebriari, & post durissimam mortem lanceâ trãsfigi, dignatus es quantus amor! incomprehensa bonitas! quæ Majestati tuæ gratiarum actiones, si memoriâ memor esset homo! sed prô dolor! quæ excogitavit Judaïca pravitas, hæc fuscitavere impiorum reprobæ gentes quæ te non noverunt. Aliæ adversùs alias certantes debellant Humanitatem, Divinitatem, essentiam. Heretici, Schismatici, Rebelles, Athei, Sacrilegi, negant, propugnant, polluunt, blasphemant, proterunt Sanctum Dominum. Quinimò : eloqui liceret, silere satiùs ; (adhæret enim lingua faucibus nostris) tremendum ac vivificum Corporis tui Sacramentum, Panis vivus, pignus divini amoris, cibus animarum, vesanâ cujusdam feritate gladii ictibus perforatur. Furor ! Amentia ! Scelus ! En Sanguinis unda profluit ! Obstupescunt cœli super hoc, terra tabescit tremens, fremunt inferi, corda hominum duriora saxis, non movet tantum nefas !

Ah ! Domine qui omnia nosti, vide afflictionem, audi suspiria, voces & gemitus filiorum ad te clamantium. Nos de tantis affecti

convitiis

conviriis veniam suppliciter exposcimus, inter Vestibulum & Altare dolentes: Ignosce ergò Domine, ignosce precantibus, indulge reis, parce confitentibus quos pretioso Sanguine redemisti. Ne despicias, ô benignissime Jesu! ne repellas contritos & humiles corde: Sanet nos misericordia tua, mundet nos sapientia tua, muniat nos HOSTIA SANCTA, mirabili Sanguine cruentata, stupendum suprà omnia miraculum, habitans in nobis, donum super omne donum.

Sit in tribulatione solatium, scutum fidei nostræ.

Sit in adversitate præsidium, gladius spei nostræ.

Sit in horâ mortis auxilium, galea salutis nostræ.

O Salvator! sub specie panis abscondite, vulnerate, transverberate, largire nobis Placatus indulgentiam, bênedictionem, & salutem, Amen.

Amande honorable à la Ste. Hostie, traduite de celle qui se prononce en langue Latine à la Sainte Chapelle de Dijon le Vendredi des Quatre-Tems, après l'Hymne Vexilla, chanté en Musique à la suite des Complies.

AImable Jesus, qui pour racheter l'homme pécheur de la damnation éternelle, avez bien voulu naître d'une Vierge, souffrir les cuisantes douleurs de la Circoncision, être lâchement trahi par un infâme baiser, abandonné de vos Disciples, saisi par des Soldats, déchiré de verges, couronné d'épines, meurtri de soufflets, soüillé de crachats, élevé en Croix, insulté par les Scribes & les Pharisiens, blasphêmé par un insigne voleur, enyvré de fiel le plus amer : & après tous les tourmens de la mort la plus cruelle, avez encore permis qu'une lance ouvrît votre sacré côté. Quel excès d'amour! Bonté incompréhensible! Quelle reconnoissance mériteroit un si tendre amour, si l'homme pécheur étoit sensible à des graces si marquées!

Mais, ô douleur inconcevable! tout ce que la malice invétérée des Juifs a pû autrefois imaginer de plus barbare contre votre adorable Personne, se renouvelle de nos jours par des impies qui refusent de vous connoître, ô mon Dieu! Opiniâtrement échauffés les uns contre les autres, ils sont assez téméraires pour vous disputer l'Humanité, la Divinité, l'Essence; les Hérétiques, les Schismatiques, les Infidéles, les Athées; les Sacriléges, tous ou chacun en particulier, osent impunément nier, combattre, prophaner blasphêmer, fouler aux pieds le Saint des Saints. Bien davantage, nous le publierions hardiment, mais un silence respectueux paroît plus convenable, puisque nos langues immobiles s'attachent à nos palais, voulant raconter de pareilles abominations. Le redoutable Sacrement qui contient non la figure, mais la réalité de votre Corps, & de votre Sang, ce pain qui communique la vie, ce gage éternel de votre divin amour, la nourriture de nos ames, reçoit les coups meurtriers de la brutale main d'un Incrédule. Est-ce fureur! Extravagance! Impiété! Le Sang coule de toutes les Cicatrices où le fer est entré. Les cieux en font frapés d'étonement, la terre se dessèche en tremblant, les Démons frémissent dans les Enfers, & le cœur de l'homme plus dure que le marbre n'est point touché d'un si horrible attentat.

Ah! Seigneur, dont les divines lumieres pénétrent le fond des ames, considerez l'affliction où nous sommes, entendez du haut des Cieux les soupirs, les gemissemens & les sanglots des Fidéles qui élevent ici leur voix.

Très-vivement touché de tous les outrages qui vous ont été faits, nous nous prosternons humblement entre le Vestibule & l'Autel, pour vous demander pardon de tant d'insultes dont nous nous sommes peut-être rendus coupables ; épargnez donc, Seigneur, épargnez des enfans qui se sont éloignez de vous, & qui reviennent en suplians ; pardonnez à des criminels que vous avez rachetez au prix de votre Sang.

Ne méprisez pas ô doux Jesus ! ne rejettez pas de devant votre face des pecheurs vraiment contrits & humbles de cœur.

Que votre misericorde, dont la profondeur est immense, acheve de guérir ce qu'il y a de défectueux en nous.

Que votre sagesse éternelle nous purifie de plus en plus.

Que cette HOSTIE SAINTE, empourprée de Sang par un miracle

qui subsiste encore à nos yeux, soit pour nous un azile assuré dans les tribulations de la vie presente.

Qoe ce dépôt sacré, qui est le bouclier impénétrable de notre foi, nous mette à couvert de tous les dangers qui nous environnent.

Puisse ce gage inestimable, que nous tenons en main comme le glaive invincible de notre esperance, nous défende des attaques du Démon.

Puisse ce don par excellence, que nous élevons sur nos têtes comme le casque de notre salut, nous couronner tous à l'heure de la mort.

O divin Sauveur! caché, flétri, percé de coups sous les Espèces apparentes du pain, accordez-nous, s'il vous plaît, la remission entiere de tous nos crimes, en nous donnant votre sainte Bénédiction avec assurance de l'éternité bien-heureuse. Ainsi soit-il.

Faveurs obtenuës par les mérites & au Nom de JESUS-CHRIST dans la Sainte Hostie.

SAns parler des graces particulieres qu'une infinite de personnes de tout sexe & de toutes conditions ont obtenuës par leurs prieres au Nom de JESUS-CHRIST dans l'Hostie miraculeuse, il suffiroit de rapeller la guérison de Loüis XII. dont il est fait mention ci-devant pag. 4. Mais il ne sera pas hors de propos de raporter encore qu'en l'an 1556 six mois consécutifs se passerent sans que le Ciel répandit ses rosées sur la terre ; la sécheresse fut si extraordinaire, que les eaux abondantes de la Riviere de Vingenne tarirent jusqu'à leur source, ce qui ne s'étoit vû de mémoire d'homme ; dans une calamité si pressante, l'unique reméde étoit de recourir à l'Auteur de toutes les graces ; Mrs. les Magistrats firent des vœux, & demanderent une Procession solemnelle de la Ste. Hostie, à laquelle assisterent Mrs. des Compagnies Souveraines le 22. Juillet : Les Peuples de la Campagne animés par cet exemple, vinrent en foule rendre leurs adorations à cette Sainte Relique, & le 25. suivant, des Processions au nombre de cinquante, de six à sept lieuës, arriverent à la Ste. Chapelle, où elles firent Station avec toute la modestie, l'humilité & la dévotion que requiert la sainteté du lieu ; l'Ordre de ces Processions est exactement raporté sur un Régistre du Chapitre, avec le nom des Eglises qui formoient un si grand concours ;

1505.

1556.

les petites Villes ou Bourgs d'Iſſurtille, Treſ-
chateau, Beze & Mirebeau y tenoient les
premiers rangs, avec les Religieux de l'Ab-
baye de Beze & du Prieuré S. Leger, char-
gés des Reliques en vénération dans le Pays:
le lendemain 26. il tomba une pluye aſſez
abondante pour arroſer les fruits de la terre.

1631. L'an 1631. la Ville de Dijon gémiſſant ſous
les fleaux de la peſte, ſes Magiſtrats renou-
vellerent le vœu que leurs Prédéceſſeurs avoient
formé cent ans auparavant, & à leur inſtante
priere fut proceſſionellement porté la Sainte
Hoſtie par la Ville le 27. Juillet, les quatre
plus anciens Echevins tenant le Poële, Mr.
le Vicomte Mayeur, & les autres Officiers de
l'Hôtel de Ville ſuivant le flambeau à la
main, tous communiérent à la Meſſe célébrée
à la Ste. Chapelle au retour de la Proceſſion, & par une merveille qui ne peut être
attribuée qu'à Dieu ſeul, la contagion ceſſa,
ſans que depuis aucune perſonne en fut at-
teinte : Mrs. les Maire & Echevins en mar-
quérent leur reconnoiſſance ſur un marbre qui
ſe voit à côté de la Chapelle de la Sainte
Hoſtie.

L'an 1637. la peſte déſolant les Habitans
de cette Ville, la Campagne d'ailleurs n'é-
tant point pratiquable à cauſe des Guerres
qui ravageoient le Pays, de l'avis du Chapitre fut commencée une neuvaine à JESUS-
CHRIST, l'Agneau ſans tache immolé dans
la Ste. Hoſtie, par une Proceſſion de ce gage aſſuré de notre ſalut, en la même manie-
re, & dans le même Ordre qu'en l'an 1631.
réſervé que quatre Conſeillers au Parlement
en Robes rouges y portoient le Dais ; la Ste.
Hoſtie demeura expoſée pendant les neuf
jours, devant laquelle deux Chanoines, &
deux

DE LA SAINTE HOSTIE. 17

deux de Mrs. de l'Hôtel de Ville répandoient continuellement leurs prieres hors le tems des Offices.

La Cérémonie fut terminée par une Procession génerale de Mrs. du Clergé, & la fin de la neuvaine fut la fin de la contagion. Mrs. les Magistrats en reconnoissance d'une si prompte miséricorde, demanderent le Bâton de la Ste. Hostie qui leur fut accordé, & le rendirent l'année suivante avec la somme de cinq cens écus, qui fut employée en achat de tapisseries qui servent encore à la décoration de l'Eglise.

1637.
Mrs. les Magistrats prennent le Bâton de la Ste. Hostie.

Presens faits à la Ste. Hostie.

La Duchesse Isabelle secondant la dévotion de Philippe, donna le grand Vaisseau d'Or du poids de 51. marcs, dans lequel s'expose la Ste. Hostie.

1452.

Les Perles, Diamans & Pierreries dont ce Vaisseau est enrichi ont été successivement donnés par des Princesses & autres Dames d'une vertu distinguées : quelques-unes ont encore la consolation d'y voir les Ornemens dont elles se sont volontairement dépoüillées pour les consacrer au Seigneur.

Loüis XII. Roi de France, ayant échappé d'une maladie dangereuse, envoya sa Couronne d'Or qui est au-dessus du Vaisseau de la Ste. Hostie, comme il est dit ci-devant, pag. 4.

1505.

Antoinette de Bourbon, Epouse de Claude de Lorraine Duc de Guise, envoya une Cassette de Vermeil émaillée, dans laquelle se renfermoit la Ste. Hostie avant l'an 1659. que le Duc d'Epernon Gouverneur de la Province fit present d'un coffre d'Or très-délicatement travaillé, où se serre mainte-

1547.

1659.

C

nant la Ste. Hostie ; celui de la Duchesse de Lorraine, servant à exposer des Reliques sur l'Autel.

Etat de la Ste. Hostie.

Pour donner quelque idée de la Sainte Chapelle de Dijon, il faut sçavoir que cette Eglise doit sa conception aux orages d'une mer agitée, dans lesquels Hugues III. du nom, Duc de Bourgogne, allant à Jerusalem au secours des Chrétiens contre les Sarasins, promit à Dieu de la fonder à l'honneur de la très-Sainte Vierge, & de S. Jean l'Evangeliste.

L'an 1165. le Pape Alexandre III. reçut les vœux & aprouva les loüables désirs de ce Prince : affranchissant cette Eglise (qui n'étoit encore que dans les idées de son Fondateur) de toute Jurisdiction Episcopale.

Le vœu fut exécuté dans la Cour de son Palais par la batisse & dotation de cette Eglise, l'an 1172. Innocent III. s'en déclara le Protecteur par sa Bulle de confirmation de l'an 1212. & par son Rescrit incorporé dans le Droit Canon, *cum Capella Ducis Burgundiæ*, raporté au Concile de Trente, Sess. 24. Cap. 11. de *Reform*.

Cette Eglise dans la suite des tems a été annoblie de plusieurs autres Privileges, tant par les Souverains Pontifs, que par les Rois de France successeurs aux Ducs de Bourgogne, depuis la réunion du Duché à la Couronne de France sous Loüis XII. En ce tems furent achevées la voûte de la Nef, avec la Tour à droite de la grande Porte, l'autre demeurée imparfaite.

Le Fondateur de cette Eglise mourut à Tyr dans la Syrie l'an 1192. son Corps fut aporté

Fondation de la Sainte Chapelle.

Décrétales, liv. 5. tit. 33.

DE LA SAINTE HOSTIE 19

à Citeaux, où il est inhumé sous le Portail de l'Eglise.

Philipe le Bon pour égaler le nombre des Chanoines de la Ste. Chapelle à celui des Chevaliers qui se trouverent au Chapitre Général tenu en cette Eglise, l'an 1433. y fonda quatre Canonicats apellés musicaux, dont il donna le droit de presentation au Chapitre, & la collation aux Ducs de Bourgogne ses successeurs, fonda aussi le Maître de Musique & quatre Enfans de Chœur, son Corps est inhumé aux Chartreux de Dijon sans Mausolé.

Cette Eglise a été consacrée le Dimanche de Quasimodo 26. Avril 1500. par Jean de Genêve Evêque d'Hebron ; la mémoire s'en fait annuellement avec Octave, le deuxiéme Dimanche du mois de Juillet.

Consécration de l'Eglise.

Il y a quelques Reliques assez considérables à la Ste Chapelle, entr'autres une petite portion du bois de la Croix de notre Sauveur ; du Chef de S. André Apôtre, Patron de l'Ordre des Chevaliers de St. Leger, Evêque d'Autun, dont on fait l'Office le troisiéme Octobre, des Ossements de Ste. Foi Vierge & Martyre, dont la Fête tombe le 6. Octobre, de S. Longin, & de plusieurs autres qui s'exposent sur le Grand Autel aux jours solemnels.

Le premier Fondateur de cette Eglise la choisit pour sa Paroisse, de la Duchesse son Epouse, & de ses Enfans : Son premier Doyen & tous ses successeurs en cette Dignité furent crées & établis les Curés des Ducs, Duchesses & Enfans de Bourgogne par Alexandre III.

Trois Ducs de la derniere Race y ont été baptisés ; sçavoir, Jean, Philippe, & Charles. Les Rois de France depuis la réunion de ce

Duché à la Couronne, ont toujours reconnu cette Eglise pour leur Paroisse dans la Ville de Dijon.

Les vœux de leurs personnes sacrées y ont été perpétuellement offerts : toutes les Cérémonies qui regardent le Roy & l'Etat, s'y consomment encore aujourd'hui.

L'an 1674. la Reine y communia, & y offrit le Pain beni le 6. Mai jour de St. Jean devant la Porte Latine. La même année Monseigneur le Dauphin y offrit aussi le Pain beni, le 13. Mai jour de la Pentecôte.

La Sainte Chapelle a un Doyen & vingt-quatre Chanoines, dont quatre tiennent Personnats, tous Commensaux joüissans de *Committimus*; un nombre d'Habitués, Prêtres & autres, occupés à différentes fonctions, un Maître de Musique, six enfans de Chœur, & quatre Massiers : Ces derniers joüissent aussi de *Committimus* comme Commensaux, sont exemts de Tailles, de Gens de Guerre, & de tous autres charges de Ville.

Monsieur le Doyen par les Bulles de Martin V. données en la huitiéme année de son Pontificat, a droit de consacrer les Vaisseaux servants au saint Sacrifice, & d'aprouver des Confesseurs dans cette Eglise. Il a droit de porter une Robe violette, pour laquelle il touche annuellement la somme de 25. liv. sur les Etats du Roi. Il a séance aux Etats avant tous les Doyens des Cathédrales, & plusieurs autres prérogatives qui ne seront point ici raportées, non plus que tous les Privileges & Immunités de ladite Eglise, qui méritent un autre ouvrage.

1643. Le 28. Juin 1643. furent reçûs en cette Eglise douze Drapeaux que Monseigneur le Duc d'Anguien y envoya des cent qu'il avoit pris le

29. Mai auparavant à la bataille de Rocroy; il en reste encore dans les Collateraux du Chœur.

PRIERE

A Jesus-Christ dans la Sainte Hostie.

Divin Sauveur qui avez fait sortir des gouttes de sang d'une Hostie percée de la main d'un Incredule, pour affermir de plus en plus la foi des Fideles qui croyent la réalité du très-Saint Sacrement de l'Autel : Faites qu'adorant en esprit & en vérité ce précieux gage de votre amour sur la terre, nous méritions de vous glorifier à jamais dans le Ciel. Ainsi soit-il.

REFLEXIONS.

Sur la Sainte Eucharistie pour chaque jour de la Semaine.

DIMANCHE.

Admirons en frémissant jusqu'à quel point de fureur peut se livrer une ame qui a perdu la Foi ! Nous détestons l'impiété d'un infidéle qui porte les mains de sa vengeance sur son Dieu, caché sous les espèces Sacramentelles, mais prenons garde à ne pas renouveller ses Plaies par nos immodesties, par nos irrévérences, & nos indignes Communions.

PRIERE

LUNDY.

CRoyons-nous sincerement que JESUS est dans le Sacrement de l'Eucharistie? Les Demons le croyent, & ils en sont effrayés; nous le confessons de bouche a la vérité ; mais qu'il est à craindre que les pensées ne soient contraires aux paroles: non, mon Divin Sauveur, mon esprit & mon cœur ne démentiront jamais mes levres, je crois sans déguisement la Réalité de ce Mystere : Augmentés ma Foi, Seigneur, si vous la trouvez tant soit peu chancelante.

MARDY.

QUi suis je ? O mon Dieu pour manger a votre table ! cendre, poussiere, né dans le péché; ozerois-je en aprocher sans craindre d'en être rejetté ! je m'humilierai en votre presence à la vûë de ma bassesse; & si je ne suis pas digne d'être admis parmi ceux que vous y conviés, je me contenterai des miettes qui tombent de leurs mains. Heureux si vous daignés me les accorder par miséricorde, pouvant me les refuser par justice.

MERCREDY.

QUe craignez-vous mon ame? Quel est le sujet de votre tristesse? Le Seigneur est votre force. Eprouvés combien il est doux de goûter les mets qu'il vous a préparé, revêtez-vous de la Robe Nuptiale pour être admis à son sacré Banquêt : Oi mon Dieu j'entrerai dans vos Saints Tabernacles puisque vous me forces de prendre place à votre Table, je m'enyvrerai de votre Sang, & je m'engraisserai de votre chair, jusqu'à ce que vous me jugiez digne d'être immolé pour vous.

JEUDY.

POur être admis en la Salle du Festin. La parure extérieure du Corps est moins nécessaire que l'ornement intérieur de l'ame, je m'apliquerai donc uniquement à embellir mon ame par une foi vive, par une esperance ferme, & une charité inaltérable, plûtôt qu'à orner mon Corps par des vêtemens recherchés qui ne servent qu'à marquer plus distinctement la misere de l'homme.

VENDREDY.

NOurri du Corps & du Sang adorable de JESUS-CHRIST, je ne respirerai desormais que son amour, obéïssant à tous les mouvemens de sa grace, on reconnoîtra dans toutes mes actions que je vis en JESUS-CHRIST, & que JESUS-CHRIST vit en moi.

SAMEDY.

QUelles actions de graces rendrai-je au Seigneur pour toutes les faveurs dont il m'a comblé? J'invoquerai son nom, en buvant le Calice qu'il m'a préparé, & je chanterai éternellement les miséricordes infinies qu'il a exercé sur moi dans tous les tems.

Oraison très-dévote à la Sainte Vierge.

Souvenez-vous très-pieuse Vierge-Marie, Mere de consolation, qu'il ne fut jamais dit, ni oüi personne avoir été refusée ou delaissée, laquelle parmi les afflictions & nécessités, le cœur contrit & pénitent, a eu recours à votre aide, & demandé l'assistance de vos prieres & crédits envers votre cher Fils Jesus. En cette grande confiance, pauvre ame pécheresse que je suis, je viens à vous, Mere des Vierges, je m'y adresse de tout mon cœur, en larmes & soupirs, je vous prie & réclame humblement votre secours. Octroyez moi cette grace de voir mes pleurs, & oüir mes prieres, afin que par vos faveurs, il vous plaise les faire exaucer au Ciel, Ainsi soit il.

Autre Oraison à la Ste. Vierge.

Sainte Marie, Mere de mon Sauveur Jesus, qui par un Privilege tout singulier, avez été préservée du péché originel, & depuis votre heureuse naissance n'en avez jamais commis aucun, je mets en vous toute ma confiance, obtenez-moi la grace d'une sincere conversion, avec celle de la persévérance finale qui m'associera éternellement avec vous dans la gloire. Ainsi soit-il.

FIN.

Permis d'imprimer à Dijon ce quatrième Juin 1727. Signé, BAUDINET.

www.ingramcontent.com/pod-product-compliance
Lightning Source LLC
Chambersburg PA
CBHW060716050426
42451CB00010B/1475